LICO DE LA TORRE

HAIKUS

EXLIBRIC

ANTEQUERA 2023

LICO DE LA TORRE

HAIKUS

Prólogo

Haiku es un tipo de poesía japonesa, de alto nivel simbólico, que consiste en tres versos de cinco-siete-cinco sílabas (moras), no sujetos a rima.

Los primeros haikus aparecieron en Japón en el siglo XVIII. Uno de los pioneros fue Matsuo Basho (1644-1694).

Es famoso un poema de este autor:

Un viejo estanque.
Se zambulle una rana.
Ruido en el agua.

Una característica peculiar de estos poemas era la referencia a la estación del año *(Kigo)*. En el poema de Basho, el *Kigo* es la palabra «rana», indicando la primavera.

Como círculos concéntricos provocados por la zambullida de la rana, el haiku se extendió. En Hispanoamérica, su introductor fue José Juan Tablada. Otros autores hispanos que han cultivado el haiku han sido Borges, Octavio Paz y Mario Benedetti.

El haiku, al ser una forma de poesía de rima libre y con límites en su estructura, ha sido, para mí, un placentero ejercicio intelectual al «meter» una idea, imagen o concepto (vistas, sentidas, pensadas o imaginadas) en cinco-siete-cinco sílabas.

El orden en que aparecen es el de su creación.

Espero que el lector sepa disculpar la concisión, pues lo dicho es apenas un esbozo. Solo queda pedir disculpas a quienes saben más que el autor.

Lico de la Torre

HENDIENDO UN FRUTO.
UN MIRLO PICOTEA
SOBRE LA HIGUERA.

SOBRE LA HIERBA,
ENTRE SURCOS DE MI PIEL,
CAE EL ROCÍO.

EL CERNÍCALO
VIGILANDO EN EL AIRE
PÁJAROS MUDOS.

AMANECIENDO
EL VERANO REZUMA
SOBRE LAS UVAS.

ÁRBOL DE INVIERNO,
ENTRE LAS HOJAS OCRES
VUELA UNA URRACA.

EN LA GERIA
LA VID VIVE EN LOS HOYOS
QUE EL VIENTO AGITA.

II

EN LAS SALINAS,
EL MAR SOBRE LA TIERRA.
PESCAN LAS ROCAS.

EL MAR CANTANDO
BALANCEA LAS ISLAS.
AZUL ARRORÓ.

VISTE DE NEGRO.
EL MIRLO BUSCA FRUTA.
PICO DE FUEGO.

CANARIAS VIVE
CON CORONA DE NUBES
SOBRE HORIZONTES.

INMENSOS MUNDOS
ABARCAN MIS BRAZOS
SOBRE LA HIERBA.

BRILLO EN LA HIERBA.
TRANSPARENCIA EN LAS ALAS.
LUZ EN MIS OJOS.

SIEMPRE SE MIENTE.
VIVIR ES INVENTARSE,
SABERSE FICCIÓN.

ESTÁ EN LA UVA
LA UTOPÍA DEL SUEÑO
DE UN TIEMPO NUEVO.

LENGUAJE MUDO,
CONSTRUYENDO LOS NOMBRES
EN LOS REFUGIOS.

TODA PALABRA,
HABITANDO DESTINOS,
TRAZA UNA HISTORIA.

CON VOZ QUEBRADA.
EL VERBO INACABADO
EN CADA SIGNO.

ALAS QUEBRADAS
GUARDANDO LOS ESPEJOS
DE LA TRISTEZA.

EN LA PARTIDA.
TU NOMBRE ANUDANDO AGUAS
EN LA GARGANTA.

GALOPA EL TIEMPO
EMBARCANDO EN LAS FLORES
NICHOS DE ASFALTO.

ME HICE SILENCIO
PARA ARRANCARLE AL VIENTO
LA CANCIÓN DEL MAR.

CUERDA SUICIDA.
EL LLANTO DE UNA MADRE
ENCIENDE EL CAMPO.

VOZ INFINITA.
LAS LÁGRIMAS SE ENCIENDEN,
TIRITA EL VIENTO.

HABLO EN SILENCIO
CON LA PROFUNDA SOMBRA
QUIETA Y OSCURA.

SUEÑOS DE GLORIA
DESCIENDEN HACIA EL VALLE,
DONDE MARCHITAN.

TRIGALES VERDES
OCULTOS POR LA BRUMA.
EN PRIMAVERA.

COMO UN ESPEJO
REFLEJANDO LAS NUBES,
EL MAR SE MECE.

MELANCÓLICA,
AL PIE DE LA COLINA,
LA NUBE BLANCA.

PIEDRA DORMIDA,
DONDE SUEÑAN LOS ECOS
DE LOS SILENCIOS.

CAEN SOBRE EL MAR
LAS PALABRAS VACÍAS
Y LOS ENCANTOS.

EL SOL SORPRENDIÓ
LAS ARRUGAS DE LA PIEL,
DE LOS NAUFRAGIOS.

LA MANO CIEGA
GASTÓ EL CONTORNO DE LUZ,
PERDIÓ LA TRAMA.

HAY UNA SOMBRA
SOBRE EL CRISTAL DEL AGUA
DE LOS RECUERDOS.

DEJA SONRISAS
SOBRE EL CRISTAL DEL AGUA.
HUELLAS SIN NOMBRE.

BEBIENDO VINO
EL GENERAL, BOTELLA
BAJO LA MESA.

BALCÓN DEL TIEMPO.
HAY AVES PRISIONERAS
DENTRO DE UN SUEÑO.

RETORNA EL GRITO
VOLVIENDO LA MIRADA
HACIA EL SILENCIO.

SIGNO EN LA ROCA
RECORRIENDO CÍRCULOS.
MAPA INVISIBLE.

RAÍZ DE LA SAL,
ENTERRADA EN LOS ECOS
DE LAS MAREAS.

JUEGO DE MAGIA.
ESCUCHO A LA TEMPESTAD
GRITAR TU NOMBRE.

EN LAS PAREDES,
ESQUINAS SILENCIOSAS.
CUATRO PAISAJES.

HAGO EJERCICIO
RESCATANDO RECUERDOS
DE LA MEMORIA.

ALGUIEN CONSTRUYÓ
ESTA ARMADURA DURA
QUE REMA POR MÍ.

UNA ABEJA ESTÁ
LIBANDO SIN SENTIDO
FLORES DE CRISTAL.

EL VIENTO SOPLA
EBRIO, SOLO, SALVAJE,
ENTRE LAS JARCIAS.

COMO PÉTALOS,
LOS CAMINOS SE CIERRAN
VOLVIENDO AL RITO.

SANGRE DE MUJER
OCULTANDO LOS GRITOS
EN CACEROLAS.

EL PEREGRINO,
APOYADO EN SU BASTÓN,
GUARDA UN SECRETO.

MUJER HERMOSA,
LA BELLEZA ES ENIGMA
DE ESPACIO-TIEMPO.

EN LOS TRIGALES,
ONDULANDO ESPIGAS,
NACE LA BRISA.

UNA VENTISCA
SE ME POSÓ EN LOS LABIOS
Y FUI DEL VIENTO.

EL HOMBRE SERÁ,
AUNQUE PAREZCA FICCIÓN,
DUEÑO DEL TIEMPO.

NO EXISTE EL PODER.
TODO ES UN ACCIDENTE
A LA DERIVA.

SOLO SOY HUÉSPED
ATADO A LA PALABRA,
EXILIADO EN MÍ.

VENDIDO AL PODER,
ESCONDIDO EN LA NORMA,
MEDRA EL CIPAYO.

MORDÍ MI LENGUA
CON EL FURIOSO SUEÑO
DE LA PALABRA.

LUZ DEL DESIERTO
TATUADA EN LA MIRADA.
UN ESPEJISMO.

A TRAVÉS DEL MAR
EL PROFUNDO SILENCIO
TRAE RECUERDOS.

EN LA TERNURA,
INCONMOVIBLE VERDAD,
GIRAN AMORES.

COMO A LAS SOMBRAS,
NO SE PUEDE SOSLAYAR
A LOS AYERES.

SOY EN LA PLAYA,
ENTRE LA TIERRA Y EL MAR,
DE ARENA Y LAVA.

VOZ DE SIRENA
DESPERTANDO EL SILENCIO
DE LOS COLORES.

HÚMEDOS OJOS
EXTENDIENDO LA BRUMA
EN MIS RIBERAS.

NAUFRAGIO DE ALGAS,
PECES Y CARACOLAS.
MAREA BLANCA.

SOBRE LAS OLAS
DE OCÉANO ROMPIENTE,
LA LUNA LLENA.

CANTA CORAZÓN,
PROCLAMANDO EL DESEO
VERDE ESMERALDA.

PEGADO A LA PIEL,
SIENTO CERCA EL MURMULLO
DE TUS ESCAMAS.

ENTRE LAS MATAS,
PERSEGUIDO POR PERROS,
CORRE UN CONEJO.

VERSO EXPRESADO.
LUCIDEZ EN LA NOCHE
ENTRE PENUMBRAS.

OJOS DE BRUMA.
FRACTURADOS DESTELLOS
EN EL ESPEJO.

LA PASIÓN DEL MAR
MURIENDO EN CADA OLA
SOBRE LA COSTA.

POR LAS RENDIJAS
SE CUELAN LAS SONRISAS
Y LAS MIRADAS.

LOS GUAIDILES SON
ALEGRÍAS DEL VERSO
DE LOS JARDINES.

CON LA MAREA,
DESPOJADO DEL TIEMPO
FUI CARACOLA.

MUSGO EN LA PIEDRA:
LA HOJA A LA INTEMPERIE
QUIERE SER TUYA.

TIEMPO CANSADO
DE ESPERAR LA SORPRESA.
PUPILA RESECA.

CAE LA NOCHE.
SOBRE CARTONES VIEJOS
DUERME HARAPIENTO.

TANQUE OXIDADO.
PREGUNTA SIN RESPUESTA.
AGUA PASADA.

TEDIO DEL HOMBRE.
METÁFORA DEL TIEMPO.
EFEMÉRIDES.

LA TIERRA VIVE.
PERPETUA CONTEMPLACIÓN
DEL ESPÍRITU.

CARGA PESADA
DESEOSA DE LLEVAR
PESO LIVIANO.

EL GALLO VIEJO
CACAREA A LA AURORA.
ES SU DESTINO.

COMO EN LOS SUEÑOS.
CUANDO EL CIELO DECIDE,
MUERE UNA ESTRELLA.

VIENTO POTENTE.
LA IGNORANCIA DECIDE
SOBRE LOS BOSQUES.

LOS OJOS QUIETOS.
FAROLES ENCENDIDOS
MIRAN LA TARDE.

BAJO LA ARENA,
ASUSTADOS CANGREJOS
EN AGUJEROS.

ENTRE TINIEBLAS,
EL FAUNO LIBA SEXOS
SIN CONTRATIEMPOS.

PASEO MATINAL.
LA MEMORIA RECUERDA.
LUCES OCULTAS.

CEDE LA TARDE.
LA NOCHE ENCARA EL SUEÑO,
CIEGA EL ESPACIO.

LA CARNE HERIDA.
ULTRAJADAS MUJERES
EN LOS HOGARES.

PEDRO ESTÁ SOLO,
DISFRAZADO DE PAPA.
TRISTE ES LA NOCHE.

LA SOGA AL CUELLO.
LIBERANDO A LOS HOMBRES.
JUDAS COLGANDO.

UN HOMBRE EN LA CRUZ.
UN MENDRUGO DE CARNE.
CUERPO OBSEQUIADO.

LA MAGDALENA
ENTRE LOS MUSLOS TRAE
EL PAN Y EL VINO.

EN EL PRESENTE,
PRETÉRITO Y FUTURO,
COMPARTEN TIEMPO

PERMANECIENDO,
LAS ESTRELLAS SEÑALAN
UN MISMO ESPACIO.

MIEDO DESNUDO.
TRABAJO ENSANGRENTADO
DE LA AMENAZA.

LEALTAD DE ESCLAVO,
ENTERRANDO LA FUERZA
ENTRE LAS MANOS.

CAUCE DEL RÍO,
DONDE EL PULSO DEL AGUA
ABRE CAMINOS.

TEMPLOS DE ROCA,
DONDE EL ECO SE GUARDA.
SONIDOS PUROS.

EN EL DESIERTO.
ALARIDOS DE VOCES
DE LA TORMENTA.

CANSANCIO EN LA VOZ
CRUZANDO LA FRONTERA
QUE NUNCA ENCUENTRO.

YA SON LAS DOCE,
Y EL DÉCIMO POEMA
NO SE DESPIERTA.

MUNDO MATERIAL.
COSECHA DISTINGUIDA
EN EL MERCADO.

SUSURRÁNDOME,
LAS AGUAS DE LA ALHAMBRA
ME DICEN: «SOY TÚ».

NUNCA COCINES
LA COMIDA CON IRA.
CAUSA INDIGESTIÓN.

ABRE LA MANO.
LA LÍNEA DEL DESTINO
CAMINA EN TU PIEL.

EL POLÍTICO
VA CARGADO DE RAZÓN.
ES SU ENFERMEDAD.

NO PUEDE HABER PAZ
EN EL DURO CORAZÓN
DE LOS IMPERIOS.

ME DICE EL LOBO:
«SIEMPRE CAE LA CULPA
SOBRE EL CORDERO».

LA MALDAD RÍE.
EL CORDERO EN EL FUEGO.
¡TEN PIEDAD, SEÑOR!

YO TE MALDIGO,
BANDERA DE MENTIRA
Y BARRICADAS.

ABRE LOS OJOS:
HAY OTRO MAR QUE ESPERA
ENTRE LAS PIEDRAS.

EN UN SEGUNDO,
EL CAMINAR POR DENTRO
PUEDE ESFUMARSE.

SAL DEL SILENCIO,
LA FUENTE DONDE CANTAS
HA DESPERTADO.

VUELO PERFECTO.
PASAN LENTAS LAS AVES.
TAÑEN CAMPANAS.

HAY UN CAMINO
Y UN FUTURO IMPERFECTO
SI VAS CONMIGO.

SOY DEL CAMINO,
DEL COLOR DE LA TARDE,
DE LOS RECUERDOS.

ALMENDRO EN FLOR.
RUMOR ENTRE LAS PIEDRAS.
TIBIA CLARIDAD.

VOY CAMINANDO
SOBRE LAS NUBES GRISES.
ESTÁ LLOVIENDO.

TRISTE, DE FIESTA,
COMO RUBÉN DARÍO
FRENTE AL ESPEJO.

CIERTOS LOS SUEÑOS,
COMO LA FLOR QUE NACE
JUNTO A LA ACEQUIA.

SUEÑOS QUE FLUYEN.
NOCTURNOS BENEFICIOS.
ABSTRACTA MISIÓN.

HUESOS Y ÓRGANOS
DEFINEN A LOS HOMBRES.
SABIA PROPORCIÓN.

NO QUEDA TIEMPO.
LA NIEBLA OPRIME EL VERSO
DEL DESENCUENTRO.

ENREDADERA,
NO DES TREGUA A TU CANTO
POR LAS PAREDES.

TODO EN LA VIDA,
SI NO ESTÁ EN EVOLUCIÓN,
ES QUE ESTÁ MUERTO.

TODO EN LA GUERRA,
UNIFORMES Y BALAS,
ES ATAVISMO.

CON CINCEL DE AIRE,
LA SALADA INMENSIDAD
VA ESCULPIENDO OLAS.

TIERRA PRÓSPERA
DONDE SE ALOJA EL CANTO,
HOJAS EN BLANCO.

BOCA EN SILENCIO,
OCULTANDO LOS PULSOS
QUE LLEVA DENTRO.

BOCA QUE GRITA,
PROFUNDIDADES NEGRAS
DE LABERINTOS.

BOCA QUE RÍE,
REINVENTANDO LOS TRINOS
QUE NO HAN MUERTO.

UN BUEN DISEÑO
CONTIENE LA MÚSICA
DEL SENTIMIENTO.

EL PERRO LADRA
AL AMO QUE NO TUVO.
CIEGA ES LA IRA.

SABIO IGNORADO.
EXÓTICO BESTIARIO
EN CAUTIVERIO.

SOBRE EL ALAMBRE
UN ENANO DESCALZO.
RISA EN LA CARPA.

FRENTE AL ESPEJO
SE MAQUILLA UNA MUJER
LUNARES FALSOS.

LOS NIÑOS RÍEN.
PAYASOS EN LA PISTA.
LÁGRIMAS TRISTES.

TIZNE DE CARBÓN.
UN NIÑO BLANCO PINTA
A UN NIÑO NEGRO.

SIN SER PARIENTE,
DE LA PRIMA DE RIESGO
SOY SU GARANTE.

NOS LLEVA EL TIEMPO.
VIGILIA PERMANENTE
BUSCANDO UN SUEÑO.

POEMA MUDO.
PALABRAS SIN CONSUELO.
SALTO AL VACÍO.

VERSO AGITADO.
PALABRAS EN EL SUELO
CON DESPARPAJO.

ESTRAFALARIAS
VÍCTIMAS DE LA HISTORIA.
NI ODIO, NI FLORES.

ABRE LOS OJOS,
NUNCA CIERRES FRONTERAS
A TU DESTINO.

BRAMIDO DE MAR
SOBRE LAS ROCAS MUERTAS.
ESPUMA HERIDA.

ALMA LEJANA.
AL MARGEN DEL REBAÑO
FLUYEN LOS TIEMPOS.

FARO LEJANO.
MAREJADA DE ANHELOS
SOBRE EL DESEO.

DESCIFRA EL TIEMPO
LA MARCHA INEXORABLE
DE LOS HASTÍOS.

LLEGA EL INVIERNO
A LA OSCURA MORADA
DE LOS DESEOS.

CRUELES MIRADAS
ABREVANDO EN LOS SUEÑOS
DE LAS ESPIGAS.

MIEDO Y CORAJE.
ODISEO EN EL MÁSTIL
DE LA OSADÍA.

¿PARA QUÉ EL AMOR,
PARA QUÉ LA LIBERTAD,
SIN ALEGRÍA?

EN LAS MIRADAS
SE CONCRETAN LOS NOMBRES
DE LOS HECHIZOS.

IGNOTOS SUEÑOS
MUEREN SOBRE EL ASFALTO.
ÍDOLOS ROTOS.

TIBIAS LAS AGUAS.
LA SEMILLA DESNUDA
ROMPE SU SUEÑO.

ESCUCHA, POETA:
CUANDO CESE TU CANTO
SERÁS LA NADA.

EL HOMBRE, ESCLAVO,
ENCADENADO AL TIEMPO,
¿PIENSA EN LIBERTAD?

EL TIEMPO SE VA
MIRÁNDOTE A LOS OJOS
HASTA EL OLVIDO.

VÍCTIMA Y AMO,
TIENE EL HOMBRE SOSPECHAS
DE LA ETERNIDAD.

PLAYAS SECRETAS.
ESPIRALES DORADAS.
OLAS DEL TIEMPO.

PROFANO AYUNO,
ESTÉRIL ABSTINENCIA
ES LA ANOREXIA.

ENTRE MUCHOS «TÚ»,
INTIMIDAD PÚBLICA,
NO HAY UN NOSOTROS.

HILOS DE SEDA.
TAPIZ DE LA MEMORIA
ZURCIENDO PENAS.

EL CERNÍCALO,
ESTÁTICO EN EL AIRE,
OJEA PRESAS.

CORONA DE AMOR,
COMO EL AGUA Y LA ROCA,
DURA Y SERENA.

LOS PIES UMBRÍOS
ANUDAN COMPROMISOS,
SELLANDO SINOS.

IZADA AL VIENTO.
DESOLADA TRADICIÓN
DE LAS BANDERAS.

EL VIENTO LLEVA
CANTOS DE MARINERO
SOBRE LAS OLAS.

LOS OJOS MUESTRAN
LOS DESEOS DEL ALMA.
VIVOS ESPEJOS.

IMPUNEMENTE,
LOS SUEÑOS DE QUIMERAS
VENCEN LAS TRAMPAS.

SOMBRAS QUE AMARRAN
CON LA MIRADA ENTERA.
LOS OJOS MUERTOS.

LOS PULSOS SELLAN
LOS RUDOS COMPROMISOS
SOBRE LA AURORA.

CON JERINGUILLA.
MUESTRARIO DE DOLORES
AL AIRE LIBRE.

VENGO DE UN SUEÑO.
ERRORES DE UN CAMINO
ME CIRCUNSCRIBEN.

SE ESCRIBEN VERSOS
PARA HERIR LA REALIDAD
QUE AÚN LASTIMA.

EL HECHO HABLA
CONCRETO Y SILENTE.
ESE ES EL RITO.

EL ÚNICO AMO,
SI NO OCURRE EL ENCUENTRO,
ES EL SILENCIO.

TODOS LOS VERSOS
SE CONSTRUYEN DONDE EL MAR
DE LA DEMENCIA.

RUIDO EN LA CALLE
PERTURBANDO EL SILENCIO
DE MI SOLEDAD.

SI NO HAY DESTINO,
DEMASIADA LIBERTAD
PARA UNAS ALAS.

EL POEMA ES
UNA PUERTA QUE CEDE
DESDE EL SILENCIO.

NO SOY CAMINO.
SOY LA HUELLA DE LA SED
DE UN CAMINANTE.

EN LA DISTANCIA
SE ALBERGAN ESPEJISMOS
COMO ILUSIONES.

SIEMPRE REGRESAS
DESANDANDO EL CAMINO
HASTA EL ORIGEN.

HOY NOS CONVIENE
PONER FARSA Y ENGAÑO
EN EL RECUERDO.

LA FLOR PERDIDA
EN UN PAÍS SIN NOMBRE
TIENE QUE VIVIR.

EN LA MEMORIA
LA REALIDAD DEL SUEÑO
SE HACE VERDAD.

SEMILLA DEL SOL.
EN LA RAÍZ VA EL TALLO
Y EN TALLO LA FLOR.

IGNORA ARRAIGOS.
LO QUE ESCRIBES EN AGUA
ES INVISIBLE.

EL VIENTO SOPLA
EN LA BELLEZA PLENA
DE LOS DESIERTOS.

LA ARENA AÑORA
LA QUIETUD DE LA ROCA
EN LA MONTAÑA.

ENTRE LAS NUBES,
JUGANDO CON LA LUNA,
VUELVO A LA INFANCIA.

EL CUERPO EN FUGA.
LA MIRADA VACÍA.
DESCONOCIDOS.

DESENCADENAS
MI DUDA A CADA PASO,
DESDOBLÁNDOME.

SOBRE EL DESEO
VOY GALOPANDO SOMBRAS
HACIA LA HONDURA.

PECES VOLANDO
SOBRE EL ATLÁNTICO MAR.
FRÍO EN EL AIRE.

COMO EN LOS SUEÑOS,
LA MEMORIA SIN RAÍZ
NO PUEDE VOLAR.

CANTA EL PÁJARO
LA ALEGRÍA DEL AGUA.
LUZ EN LA HIERBA.

BUSCA LA BONDAD.
RECHAZA LA VIOLENCIA.
SÉ TOLERANTE.

HALLA UNA MUJER
NOBLE, ALEGRE Y HERMOSA.
SONRÍE AL CIELO.

UN VERSO ALEGRE
ES LO QUE SIEMPRE SURGE
DE UNA SONRISA.

SI TÚ TE ATREVES,
LO QUE NO VES POSIBLE
LO VUELVES HUMO.

NOCHE DE AROMAS.
EXUBERANTES BOSQUES.
VUELO DE ENCUENTROS.

IBAN LAS VOCES
HUNDIÉNDOSE EN EL AGUA.
LUEGO, SILENCIO.

LOS SENTIMIENTOS
SON EL HOGAR CERCANO
DE LA ESPERANZA.

EN LA MIRADA,
CUANDO UN AMIGO MUERE,
ALGO SE ROMPE.

SUENA LA GUERRA.
LA CONDENA DEL HOMBRE.
HIMNO Y BANDERA.

DE TUMBO EN TUMBO
SOBRE LA PIEL DEL RÍO
NAVEGA UN SUEÑO.

TÚ SOLO EXISTES
ATRAPADO EN ESPEJOS
ENTRE LAS SOMBRAS.

EL TIEMPO ES HUELLA.
VIVIMOS CAMINANDO
POR SUS SENDEROS.

EN ESTE EXCESO,
PASADO Y FUTURO
SON CALENDARIO.

AROMA HIRIENTE,
ESPÍRITU DEL BOSQUE,
SILBO EN LA NOCHE.

OJOS BRILLANTES.
HUMEDALES DEL SUEÑO
ENTRE EL FOLLAJE.

HERIDA DE AMOR.
TARDE ENCADENADA
CON DESAMPAROS.

MIRO UNA ROSA.
LA BELLEZA EN SILENCIO.
ENCADENADA.

CHARLAN LAS RANAS
EN MITAD DE LA NOCHE.
METÁFORAS AL VIENTO.

LO QUE VES NO ESTÁ.
IGNORA LO QUE OCURRE.
EL MUNDO ERES TÚ.

DE LOS SILENCIOS
BROTÓ EL FUEGO DEL CANTO
Y SE HIZO VERSO.

ROSA INASIBLE,
CONSTRUCCIÓN PROMETEICA,
EL PENSAMIENTO.

VOZ ESPIRAL
ACUÑADA EN LA NADA.
AIRE PREÑADO.

SUEÑOS DEL AIRE.
TRANSPARENCIA ATRAPADA
EN UN INSTANTE.

SER COMO EL VIENTO,
COMO ARENA EN EL DUNAR.
SER NECESARIOS.

AHUYENTO SOMBRAS,
PERSIGUIENDO LAS FORMAS
SOBRE UNA IDEA.

HOMBRE INOCENTE,
TODO OCURRE EN TU AUSENCIA
TRAS LOS ESPEJOS.

RÍEN LOS DIOSES
PROVOCANDO TORMENTAS
POR DONDE PASAN.

SOMBRA EN EL AIRE.
EL CONFÍN DE LA TARDE
VESTIDO DE ÁNGEL.

AIRE DESIERTO.
EN LA ESPALDA DEL TIEMPO
SE ESCONDE UN ÁNGEL.

LA VOZ ES RITO
SOPLANDO LAS SEMILLAS
DE LA MEMORIA.

NOCHE DE SUEÑOS
SEPULTANDO LA ESPERA
DONDE EL OLVIDO.

SIN PENSAMIENTOS,
ESPERA NUEVA ORDEN
FRENTE A LA TELE.

EL CONFORMISTA
ESCONDIDO EN SU CUEVA
PASA LA VIDA.

ESTÁS A TIEMPO
PARA SEGUIR SOÑANDO.
DE TI DEPENDE.

INERTE, FRÁGIL
Y ALTIVO, CREES VENCER
HASTA LA MUERTE.

ÁNGEL DE FUEGO.
ASUSTADO MISTERIO
CLAVADO AL AIRE.

ESTAMOS LEJOS
DE RENUNCIAR AL NOMBRE,
SER RESPONSABLES.

SOMOS RÁPIDOS
OBEDECIENDO AL MIEDO,
LENTOS AL AMOR.

CRECE EL SILENCIO
ENSORDECIENDO MENTES.
YA NADIE ESCUCHA.

TODO EL SILENCIO
CONVIRTIÉNDOSE EN GRITO.
LA VOZ DORMIDA.

NOCHE DE SUEÑOS,
CLAUDICANDO EN INSTANTES
DE LOS CAMINOS.

SOBRE LA HAMACA
SIEMPRE OCURRE EL AHORA.
DOLCE FAR NIENTE.

LAS CAMPANAS AL VUELO.
SUENAN LAS CARACOLAS.
LLEGA SAN ROQUE

MANDA MI MUJER,
Y EN MI CASA SE HACE
LO QUE OBEDEZCO.

CONTORSIONISTA,
EL HERRERILLO LIBA
EN EL HIBISCO.

UNA STRELITZIA
HE CORTADO EN MI JARDÍN.
ME ACUERDO DE TI.

EN LA MADUREZ
ANIDA LA AMARGURA
DEL DESENGAÑO.

REINA EN EL MUNDO
EL DESORDEN HUMANO.
DESAMOR Y ODIO.

HAY DEPRAVACIÓN,
AVARICIA Y DESHONOR
EN LOS MERCADOS.

COMO PALABAS,
LOS PENSAMIENTOS VUELAN.
NO SON DE NADIE.

TEA DE PINO.
RESINA DE MADERA.
OLOR DE NIÑEZ.

GRISES CENIZAS
EN LAS RAÍCES DEL TIEMPO.
BRUMAS DE UN SUEÑO.

FAENAS Y HUELLAS
LA MUERTE VA LAMIENDO
HASTA EL OLVIDO.

ME ASOMO AL AGUA.
INMÓVILES ESPEJOS
ME ESTÁN MIRANDO.

GOLPEA EL TIEMPO
SUEÑOS DE LA MEMORIA
QUE VAN HUYENDO.

YA NO HAY TRISTEZAS,
LAS HERIDAS SE HAN IDO.
CANTA UN JILGUERO.

¿PREGUNTAS QUIÉN SOY?
NO ESPERES NADA DE MÍ
Y ABRE LA PUERTA.

EL SOL ANIDA
LA LIBERTAD DEL SUEÑO.
CAE LA TARDE.

DE LAS SEMILLAS
DEL SUEÑO NACE EL MUNDO
DEL PENSAMIENTO.

EL HOMBRE SOLO
CAMINA HACIA SÍ MISMO.
BUSCA SU HUELLA.

POR LA MAÑANA
HALLO VERSOS FLOTANDO.
TEMBLORES DE AGUA.

ESTOY CANTANDO.
LA VIOLENCIA DE LA LUZ
ROZA MIS VENAS.

SILENCIO EN LA VOZ.
BORRANDO LAS PALABRAS,
LA LENGUA CALLA.

ES UN EXILIO
ARRASTRAR LA DERROTA
DE LA SOLEDAD.

VACIANDO EL ALMA.
DISCUTIR POR DISCUTIR.
SOLO POR GUSTO.

HAZ LA MÁQUINA
DE REMENDAR EL ALMA.
ES BUEN NEGOCIO.

SE FUGA EL FUEGO.
EFÍMERA ES LA LLAMA
ENTRE LOS AIRES.

SOLO EN EL CUERPO,
EL SILENCIO CONVIVE
CON LA LOCURA.

FUEGO EN LA CELDA,
SILENCIADA EN LA PIEDRA.
PALABRA VIVA.

EL MAR ACOGE
LOS VERSOS DE LA ARENA
PARA PENSARLOS.

LO SÉ, NO HAS MUERTO.
TU SONRISA Y TU BONDAD
AÚN PERMANECEN.

ESTE POEMA
NO ESPERA UNA RESPUESTA.
ES UNA TRAMPA.

TODO ES EL VERBO
FIJANDO SU CONTORNO
TRAS EL DESEO.

ABRIÓ LAS ALAS
Y LA LUZ SE RETIRÓ,
Y FUE LA NOCHE.

CIERRA LOS OJOS
Y ABRIRÁS LOS BALCONES
DE LOS RECUERDOS.

JUNTO AL CAMINO
ABANDONÉ LAS PIEDRAS
DE LOS PRECEPTOS.

EN EL SILENCIO
ESCUCHARÁS RUMORES
SIN HORIZONTES.

ENTONCES, LLORA
Y ENCONTRARÁS UN MUNDO
DE PERFECCIONES.

OLVIDA EL NOMBRE
Y ENCONTRARÁS EL PLACER
DE NO SER ALGUIEN.

OIGO UN MURMULLO.
ES EL VIENTO QUE BUSCA
MIS HOJAS SECAS.

CANTA UN RUISEÑOR.
ESTOY FUERA DEL TIEMPO.
LA OBRA DEL SOL.

COMO UN RETORNO,
YA VUELVE LA HOJA AL ÁRBOL
PARA HACER LA FLOR.

SONRÍE UN NIÑO,
Y EN LA MITAD DEL CIELO
BRILLA UNA ESTRELLA.

DE LOS RECUERDOS
SE AÑORA LO SENTIDO,
NO LOS LUGARES.

Y CON MI MUERTE
DESAPARECE EL MUNDO
QUE YO HE SOÑADO.

SI LA REALIDAD
NO DEJA SU CONSTANCIA,
BUSCA EN EL VIENTO.

LO YA VIVIDO
PIERDE SU CONSISTENCIA
EN LOS ESPEJOS.

ANTES DEL CUERPO
LA FUENTE DEL OLVIDO
VACÍA MENTES.

OJOS CERRADOS.
LA LUZ ME NECESITA
PARA SU EXISTIR.

NUNCA ABANDONES.
EDUCA TU ESPÍRITU
DANDO SOLO AMOR.

ES PRIMAVERA.
EN UNA BARCA BLANCA
LLÉVAME LEJOS.

SILBA LA BRISA
TRAS LA ROJA MURALLA.
FLAUTA HORIZONTAL.

VUELAN GAVIOTAS.
LUCES ENTRE LAS NUBES.
GRISES LAS ALAS.

EN EL OTOÑO,
MÁS ALLÁ DE LA NIEBLA,
MIS SUEÑOS CANTAN.

MIENTRAS SONRÍES,
MI CANTO SIGUE AL VIENTO.
LA LUNA FRÍA.

CAE LA LLUVIA.
UN NIÑO ESTÁ JUGANDO
A LA PELOTA.

EN EL TEJADO
HAY UNA GATA AULLANDO.
MES DE FEBRERO.

EL CIEGO ES REY
EN UN PAÍS DE SOMBRAS,
Y EL TUERTO ES REO.

SÉ, JUNTO AL RÍO,
DEL VALOR DE UNA FUENTE,
SU CONSECUENCIA.

EL ABEJORRO
TIENE SEGURO EL COMER.
VUELO INDOLENTE.

HOY NO SE FÍA.
Y CUANDO PASE EL DÍA,
MAÑANA TAMPOCO.

PONGO LA MANO
ENTRE EL SOL Y LA LUNA.
HAY UN ECLIPSE.

TODOS LOS HECHOS
ARRASTRAN SENTIMIENTOS
Y ESTÁN VACÍOS.

SI VAS DESNUDO,
NO TIENE CULPA EL CIELO
DE TUS OLVIDOS.

PASAN LAS HORAS
Y EN CANARIAS TENEMOS
UNA HORA MENOS.

SUENA LA FLAUTA
CUANDO ESCRIBO ESTOS VERSOS.
¡QUÉ CASUALIDAD!

SÉ DE MUJERES
QUE SE CREEN MEJORES
POR SER MÁS GUAPAS.

Y SÉ DE HOMBRES
QUE CONFUNDEN MUJERES
CON ALPARGATAS.

LA NOCHE CLARA.
EL HALO DE LA LUNA
TRANSITA ERRANTE.

LA NOCHE OSCURA.
EL CROAR DE UNA RANA
ROMPE EL SILENCIO.

ES LA INOCENCIA
ALAS DE MARIPOSA
ATOLONDRADA.

LAS HOJAS CAEN.
LOS COLORES SE APAGAN.
ES EL OTOÑO.

AVANZA EL RÍO
Y EN SU PIEL SE REFLEJAN
LAS GOLONDRINAS.

LO NECESARIO
PARA LLEGAR AL CIELO
ES LA PACIENCIA.

EL VINO TIENE
LA FLOR DE LO INSONDABLE,
SUEÑOS SECRETOS.

EL VINO TIENE
EL MAR DE LA LOCURA
Y ALAS DE AMANTE.

DÉJAME BEBER
EL FUEGO DE LA UVA,
SU JOVEN SANGRE.

DÉJAME BEBER
EL ZUMO DE LA TIERRA,
LÁGRIMA INMENSA.

DÉJAME BEBER
AIRES DE PENSAMIENTO,
MUNDOS DEL ALBA.

DÉJAME BEBER
EL AGUA TRANSFORMADA,
LUZ DE SIMIENTE.

ALMA DEL VINO
EN LA BOCA DEL HOMBRE.
VEGETAL AMBROSÍA.

ALMA DEL VINO
ENCENDIENDO LOS OJOS
COLMADOS DE LUZ.

EL VINO TIENE
LA FLOR DE LO INSONDABLE
Y ALAS QUE ESCONDE.

EN LA ACOGIDA
QUE ME DEN LOS AMIGOS
MIDE EL CARIÑO.

TODOS TENEMOS
UNA SOMBRA Y UN DOLOR
EN EL OLVIDO.

HOY NO TE ACERQUES.
NO QUIERO ACERTE DAÑO,
ME ESTOY CAYENDO.

EN LANZAROTE,
A LA ORILLA DEL JABLE,
PLANTAN CEBOLLAS.

TELA DE ARAÑA.
VUELO DE MARIPOSA.
TRAMPA EN EL AIRE.

SOBRE LAS OLAS
UNA PARDELA VUELA.
YO VOY CON ELLA.

SI TIENES FRÍO,
EL CARBÓN ES EL QUE ARDE
Y NO EL DIAMANTE.

CUANDO TE VEO,
LA IMAGEN DEL TIRANO
SE ME APARECE.

FEROZ, INFAME
DESOLACIÓN DEL HOMBRE,
SU TRISTE NOMBRE.

CREE EL MEDIOCRE,
TAMBIÉN LO CREE EL LADRÓN,
QUE TODOS LO SON.

LA ABEJA LIBA,
Y ENTRE SUS PATAS LLEVA
GEN DE EQUILIBRIOS.

MIRO LA PLAZA.
HOY LOS NIÑOS NO JUEGAN.
DÍA DE REYES.

NO TENGAS SOMBRAS.
SOLO EL QUE AMA SABE
CUÁL ES TU NOMBRE.

AL ATARDECER
SE AFANA EL HERRERILLO
EN EL HIBISCO.

EN CONTRADICCIÓN.
SI NO TIENES RAÍCES,
NO PUEDES VOLAR.

NO BASTAN ALAS.
QUIEN NO TIENE RAÍCES
NO PUEDE VOLAR.

AL FIN Y AL CABO,
IGNORAR EL OLVIDO
ES SOLO UN SUEÑO.

AÑOS VIVIDOS.
ATALAYA DE SOMBRAS
DE LO NO HECHO.

DICE LA ABUELA
QUE EL QUE NACE CIGARRA
MUERE CANTANDO.

COMO UNA SOMBRA.
CAMINAR ERRÁTICO
ENTRE PALMERAS.

A VECES PIENSO
QUE PARA UN MUNDO SIN DIOS
SOBRAN LOS BUENOS.

SOLO EL DESTINO
CULTIVA SUS SEMILLAS
EN CADA INSTANTE.

PALABRA E IMAGEN.
ÚNICAS HERRAMIENTAS
DEL PENSAMIENTO.

NEGROS PERFILES
AGUJEREAN LA MAR.
ROQUES DE ANAGA.

UN HOMBRE CANTA
ACUNANDO EN SUS BRAZOS
SOL DE FUTURO.

SOMBRAS VIAJERAS
SE ESCONDEN SOBRE LA MAR.
RISCOS DE ANAGA.

DE RAMA EN RAMA
SALTA EL PÁJARO GORRIÓN.
MUEVE LAS HOJAS.

DIME, MINISTRO,
¿EL IVA DEL ORGASMO
LO VAS A SUBIR?

SI QUIERES VOLAR,
NECESITAS DEL AIRE,
ALMA ENCENDIDA.

CIERRA LOS OJOS
Y ABRIRÁS LAS VENTANAS
DE LOS RECUERDOS.

GRISES LOS CIELOS,
Y ONDULANDO TUS OJOS,
LAS OLAS GRISES.

GRISES LOS OJOS,
ONDULANDO LAS OLAS
DE LOS DESEOS.

EN LA MONTAÑA
LAS LÁGRIMAS DEL VIENTO
RIEGAN LOS PINOS.

VIVO EN PELIGRO.
NO ABANDONO EL DESIERTO.
EL CANTO AYUDA.

EN ESTA ORILLA
YA NO SÉ DE LA HISTORIA.
NO TENGO MIEDO.

EL TIEMPO Y EL MAR
SON IGUALES ESPEJOS.
TODO LO BORRAN.

NACE UN POEMA.
SE HA QUEBRADO EL SILENCIO.
LEJOS LA BRUMA.

PASAN LOS DÍAS.
SOBRE LAS NEGRAS ROCAS
LAS OLAS CALLAN.

NACE LA VIDA.
HAY AROMAS DE AZAHAR
EN MI VENTANA.

LLEGANDO A PUERTO.
POEMAS QUE ILUMINAN.
VIAJE FECUNDO.

VOLVER A CASA.
MOMENTÁNEA ETERNIDAD
POR VEZ PRIMERA.

ESTOY SOÑANDO
EN UNA CRISÁLIDA
ESTA REALIDAD.

LOS POLÍTICOS,
FINGIENDO QUE NO FINGEN,
SON COMO ACTORES.

EL HORIZONTE
ETERNAMENTE JOVEN
CREANDO SUEÑOS.

LA LUZ CABALGA
DEJANDO BRASAS VIVAS
SOBRE LAS OLAS.

ARDUA TAREA
PARA LOS HOMBRES GRISES
NO SER MACHISTA.

NO PUEDO DORMIR.
SUSPIRANDO AVENTURAS,
DUERME MI PUEBLO.

MAREA EN CALMA.
LOS BARCOS EN EL PUERTO
DESEANDO LA MAR.

NO TENGAS MIEDO.
YO TAMBIÉN HE LLORADO
POR EL OLVIDO.

TIEMBLA LA RAMA
DE LA QUE EL AVE VOLÓ
EN EL NARANJO.

NUNCA PERMITAS
QUE EL NÉCTAR QUE ALIMENTA
SEA VENENO.

CUANDO EN LA ESPERA
HAY ESPERANZA Y TEMOR,
RÍNDETE AL CAMBIO.

DESDE EL RESPETO
HASTA LA PLEITESÍA
HAY UN BUEN TRECHO.

EL ATARDECER
ME LLENÓ DE EMOCIONES
Y DE SUSPIROS.

TENGO PASADO.
SI ME ESFUERZO EN RECORDAR,
VIVO LA HUELLA.

DENTRO LA AUSENCIA,
MIENTRAS DUERME EL CORAZÓN
ENTRE LA NIEBLA.

LA ARENA ES ORO.
EN LA ORILLA DE LA MAR,
LAS AGUAS VERDES.

PERDIDA LA VOZ.
AFLIGIDA BELLEZA
EN LA INOCENCIA.

PASA LA VIDA
BAJO LOS PUENTES.
INDIFERENTE.

ERES DE FUEGO.
CREPÚSCULO DESNUDO,
DULCE Y MADURA.

TARDE TRANQUILA,
LOS NIÑOS SE COLUMPIAN,
LAS MADRES MIRAN.

EN EL OTOÑO
LA HIGUERA AMARILLEA.
ES SU DESTINO.

SEIS DE LA TARDE.
EL DÍA SE DESPIDE.
CANTAR FLORIDO.

EN EL SILENCIO,
ENTRE LAS FRESCAS FUENTES,
LA NOCHE CANTA.

TRISTE O ALEGRE
EL DESTINO FLORECE
ETERNAMENTE.

NUEVE DE ENERO.
HAY NIEBLA EN LA COLINA.
UN MIRLO VUELA.

TREINTA DE ENERO.
LOS PÁJAROS ANIDAN.
EL AIRE ES TRINO.

LA VIDA CAMBIA.
LA HIGUERA ESTÁ SIN HOJAS.
EL MIRLO VUELA.

DE NADA SIRVE
ENERGÍA BARATA
SIN OBJETIVO.

ABRIENDO EL PICO
SE ALIMENTA EL PÁJARO.
ES PRIMAVERA.

* 9 7 8 8 4 1 9 8 2 7 7 7 7 *